Jo-Jo

Lesebuch 2

Arbeitsheft
Lesestrategien

Erarbeitet von
Silke Fokken und Martin Wörner

Unter Mitwirkung von
Katja Eder, Tanja Glatz, Erna Hattendorf

Häufige Wörter und Wortteile wiedererkennen

1 Male gleiche Wörter mit der gleichen Farbe an.
Wie oft findest du jedes Wort?

mit	wir	im	mit	und
und	ich	es	im	mit
im	und	ich	wir	es

mit: _3_   ich: ____   und: ____

wir: ____   im: ____   es: ____

2 In vielen Wörtern findest du
gleiche Gruppen von Buchstaben.
Markiere sie mit verschiedenen Farben.
Wie viele findest du von jeder Sorte?

Anfang	fangen	bringen	Fink	sinken
Fang	Danke	Angst	stinken	Ring
klingeln	Onkel	gelingen	klingen	Schrank

ang: ____   ank: ____

ink: ____   ing: ____

Ein Wort bleibt übrig:

_____

3 Lies den Text.

Onkel Frank ist spitze

„Fritzi, lass uns mit Halunke spielen",

schlägt Onkel Frank vor. So heißt seine Katze.

Sie hat große Tatzen und spitze Krallen.

Aber wir ziehen blitzschnell die Hände weg,

5 bevor sie uns kratzen kann.

Am liebsten denken wir uns Witze aus.

Und wenn es dunkel wird, erzählt Onkel Frank

Geschichten. Er behauptet, dass er einmal

einen versunkenen Schatz an einem Anker

10 aus dem Meer gezogen hat. Aber ich weiß,

dass Onkel Frank manchmal flunkert.

4 Unterstreiche im Text die Wörter,
in denen du diese Buchstaben-Gruppen findest:

| onk | ank | unk | enk | atz | itz |

Wie viele Wörter musst du unterstreichen? _____

Bekannte Wortteile nutzen, Blickspanne erweitern

1 Lies die Wörter. Zeichne die Silbenbögen ein.
Lies die Wörter einem anderen Kind vor.

Butter	Keks	Dose	Gurken	Scheiben	Salat

Butter

Butterkeks

Butterkeksdose

Gurken

Gurkenscheiben

Gurkenscheibensalat

2 Lies die Sätze.
Zeichne die Silbenbögen ein.

Ich beiße .

Ich beiße in die Tafel .

Ich beiße in die Tafel Schokolade .

Hanna fischt .

Hanna fischt Buchstaben .

Hanna fischt Buchstaben aus ihrer Suppe .

3 Lies den Text.

Ein leckeres Frühstück

Lars klettert aus ◆ Bett.

Müde ◆ er am Frühstückstisch.

Dort steht schon das ◆ bereit.

Verschlafen ◆ er nach der Milchtüte.

Da ◆ die Milchtüte um!

Die ganze ◆ läuft auf den Boden.

Die Katze ◆ sich.

dem
sitzt
Brot
greift
fällt
Milch
freut

4 Lies den Text einem anderen Kind vor.
Setze dabei das Wort aus der rechten Spalte ein.

Erkennen von Wörtern: Hypothesen bilden

1 Ordne die Wörter und Sätze den Bildern zu.

Im Schwimmbad

1 Wellen

2 Ich tauche ab und wieder auf.

3 Ich schwimme auf dem Rücken.

4 Ich springe ins Wasser und spritze meinen Vater dabei nass.

5 Auf dem Sprungturm zittern meine Knie.

6 Ich mache einen Salto vom Startblock.

② Was gibt es heute im Schwimmbad-Restaurant?
Ersetze die falschen Buchstaben.

Sp Reisekarte

Durstbrot

Käseboot

warme Bürstchen

frischen Tisch

zart gelochte Eier

③ Lies den Text.

Im Badfrei

Endlich wieder Scheinsonnen!
Ich packe meine Hosebade und das Tuchhand ein
und gehe ins Badfrei.
Zuerst steige ich auf den Turmsprung.
Ich wippe auf dem Brettsprung und springe ins Wasser.
Oh nein! Ich habe meine Brillesonnen nicht abgelegt.
Ich tauche bis zum Grundbecken und hole sie herauf.
Zum Glück ist sie noch heil.

④ Wie muss es richtig heißen? Lies den Text
einem anderen Kind ohne die Fehler vor.

Das Lesen kontrollieren, genaues Lesen

1 Welche Sätze passen zum Bild?
Kreuze die richtigen Sätze an.

☐ Der Räuber Hotzenplotz trägt einen Hut mit Feder.

☐ Der Räuber Hotzenplotz trägt keinen Hut mit Feder.

☐ Der Räuber klaut die Kaffeemaschine.

☐ Der Räuber klaut die Kaffeemühle.

☐ Großmutter ruft laut nach Kaffee.

☐ Großmutter ruft laut um Hilfe.

☐ Kasperl und Seppel fahren schnell herbei.

☐ Kasperl und Seppel rennen schnell herbei.

② Welches Wort passt? Streiche das falsche Wort durch.

Der Einbruch

Vor dem eingeschlagenen Fenster / ~~Gespenst~~ liegen Scherben

im Beet. Hausbesitzer Eder jagt / jammert :

„Meine Wertsachen wurden mir gestohlen / geschenkt !

Zum Glück muss mir die Versicherung alles bezahlen / verkaufen ."

Kommissarin Keller putzt / kratzt sich am Kopf. „Nur nicht so eilig.

Ich denke, ich weiß, wer der Täter / Gärtner war."

Du auch?

③ Welches Wort passt? Streiche das falsche Wort durch.

Verräterische Fingerabdrücke

Wenn die Polizei nach einem Einbrecher / eingebrochen sucht,

gibt es einen wichtigen / spielen Beweis: Fingerabdrücke.

Wo / Die Haut auf unseren Fingern hat feine,

geschwungene / führen Linien.

Sie sind / Finger bei jedem Menschen anders

und verändern sich nie. Deswegen kann man

einen Menschen / verbrochen

an seinen Fingerabdrücken erkennen.

Herr Eder war der Täter.
Er hat das Fenster von innen eingeschlagen.

Leseübungen   9

Texte besser verstehen:
Überschriften und Bilder nutzen

- Lies zuerst die Überschrift.
- Schau dir die Bilder an.
- Vermute, worum es in dem Text geht.

1 Welche Überschrift passt zu welchem Bild? Verbinde.

Tiere in der Wildnis   **Mein Haustier**   **Mini ist die Schnellste**

2 Welcher Text passt zu dieser Überschrift?   **Der Wunsch**

Schreibe sie über den richtigen Text. Überlege dir
für den anderen Text eine Überschrift und schreibe sie darüber.

Als Anna aus der Schule
nach Hause kommt, sagt Mama:
„Schau mal in den Garten."
Aufgeregt rennt Anna hinaus.
Da steht ein großes Gehege,
und darin hoppelt ein kleines,
weißes Kaninchen herum.
Annas großer Wunsch ist
endlich in Erfüllung gegangen!

Niki steht am Elfmeterpunkt.
Nach dem gegnerischen Foul
soll sie den Elfmeter schießen.
Sie konzentriert sich, schaut
auf den Torwart, nimmt Anlauf
und schießt. Der Ball saust
in die linke untere Ecke. Unhaltbar!
Jubelnd reißen alle die Arme hoch:
Wir haben gewonnen!

3 Überprüfe, welcher Text zur Überschrift **Was unsere Katze frisst** und zum Bild passt.

Schreibe die Überschrift über den richtigen Text.

Markiere die Wörter, die dir geholfen haben.

Katzen sind Jäger. Schon junge Katzen
üben das Anpirschen. Sie interessieren sich für alles,
was sich bewegt. Spiele mit deiner Katze:
Schon ein Wollfaden reicht. Aber pass auf:
Auch ein Kätzchen hat schon scharfe Krallen!

Meistens bekommt unsere Katze Fleisch aus der Dose
oder Trockenfutter. Trotzdem fängt sie manchmal
einen Vogel oder eine kleine Maus.
Das mag ich gar nicht. Milch geben wir ihr nicht.
Davon bekommt sie nämlich Durchfall.

Texte besser verstehen: wiederholtes Lesen

• Wenn du etwas nicht verstanden hast,
  lies einen Abschnitt oder den ganzen Text noch einmal.

Turnier auf Burg Falkenstein

Herzog Ulrich veranstaltet auf seiner Burg Falkenstein
ein großes Turnier. Viele Ritter nehmen daran teil. Sie tragen
Rüstungen und sind mit Lanze und Schild bewaffnet.

Auf den Schilden der Ritter sind passend zu ihren Namen
5 die Wappen zu sehen: ein Löwe, ein Falke, ein Adler,
ein Bär, drei schwarze Tannen und ein Eichenbaum.
Nur der Ritter Ludwig Ohneland führt eine Lilie als Wappen.

Die Ritter reiten gegeneinander an.
Karl vom schwarzen Wald wirft Heinrich den Löwen
10 mit seiner Lanze aus dem Sattel. Er hat gewonnen!
Siegwart vom Bärental besiegt Hagen von der Eiche.
Ludwig Ohneland stößt Otto aus Adlerhausen vom Pferd.

Am Ende stehen sich der Gastgeber und
der Ritter mit den Tannen im Wappen gegenüber.
15 Als der von der Burg Falkenstein am Boden liegt,
gratuliert er dem Sieger.

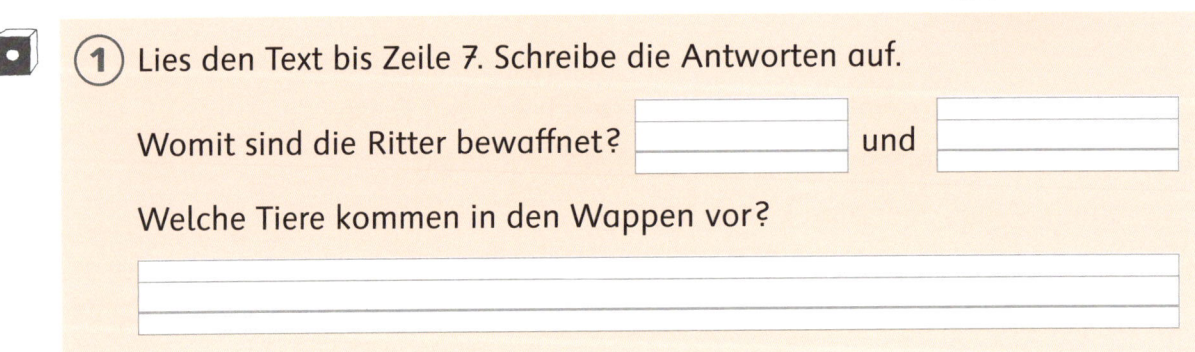

① Lies den Text bis Zeile 7. Schreibe die Antworten auf.

Womit sind die Ritter bewaffnet? _____ und _____

Welche Tiere kommen in den Wappen vor?

_____

2 Lies den Text bis Zeile 7. Verbinde Ritter und Wappen.

Ulrich
von Falkenstein

Hagen
von der Eiche

Siegwart
vom Bärental

Otto
aus Adlerhausen

Heinrich
der Löwe

Karl
vom schwarzen Wald

Ludwig
Ohneland

3 Lies den Text.
Diese Ritter haben gegeneinander gekämpft.
Kreuze jeweils an, wer gewonnen hat.

☐ Karl vom schwarzen Wald – ☐ Heinrich der Löwe

☐ Hagen von der Eiche – ☐ Siegwart vom Bärental

☐ Ludwig Ohneland – ☐ Otto aus Adlerhausen

Wer hat das Turnier gewonnen?

_____

_____

Lesestrategien

Texte besser verstehen:
unbekannte Wörter nachschlagen

 1 Schreibe die Wörter nach dem ABC geordnet auf.

> Muräne • D̶a̶c̶h̶s̶ • Flughund • Unke
>
> Lama • Erdmännchen • Gecko

Dachs,

 2 Suche vier Tiere von Aufgabe 1 aus.

Schlage die Namen der Tiere in einem Tierlexikon nach.

Auf welcher Seite im Lexikon findest du die Tiere?

Schreibe den Namen und die Seitenzahl auf.

Seite _____

Seite _____

Seite _____

Seite _____

3 Zu welchem Lexikontext gehören die Wörter?
Unterstreiche im Text, was dir bei der Lösung hilft.

| Brieftaube | Wellensittich | Kanarienvogel |

_____

Er ist mit dem Papagei verwandt und stammt
aus Australien. Ursprünglich war der Vogel grün
mit einer wellenförmigen Zeichnung.
Daher kommt sein Name. Heute gibt es ihn
in verschiedenen Farben.

_____

Dieses beliebte Haustier stammt
von den Kanarischen Inseln vor Afrika.
Der kleine Vogel hat einen spitzen,
starken Schnabel. Er ist so beliebt, weil er
besonders schön singt.

_____

Sie kann schnell fliegen und findet auch
aus großen Entfernungen immer nach Hause.
Deshalb wurde sie früher zum Überbringen
von kleinen Brief-Botschaften eingesetzt.

Texte besser verstehen:
Wörter aus dem Kontext klären

Eichhörnchen

Eichhörnchen haben einen dichten, buschigen Schwanz.
Ihr Fell ist meist rötlich, manchmal auch braun
oder schwarz. Zum Schutz vor der Kälte im Winter
wachsen ihnen kleine Fellbüschel auf den Ohren.
5 Diese Fellbüschel heißen Pinsel.

Die kletternden Säugetiere leben auf hohen Bäumen.
Dort haben sie ihre Kobel aus Zweigen und
Blättern gebaut. In diesem Nest in den Bäumen
sind sie vor ihren Feinden geschützt. Marder und
10 Raubvögel können sie hier nicht fangen.

Eichhörnchen bringen ihre Jungen im Kobel zur Welt.
Ungefähr 10 Wochen lang werden sie
von ihrer Mutter gesäugt und trinken Milch.

Lesestrategien

1 Lies den Text bis Zeile 5.

Was sind Pinsel?

Suche die Erklärung im Text. Schreibe auf.

Pinsel (Zeile 5) =

(Zeile 4)

2 Lies den Text bis Zeile 10.

Welche Feinde haben Eichhörnchen?

und

(Zeile _____)   (Zeile _____)

Was ist ein Kobel? Suche das Wort im Text.

Unterstreiche die Erklärung. Schreibe auf.

Kobel (Zeile _____) =   (Zeile _____)

3 Lies den Text.

Was sind Säugetiere? Suche das Wort im Text.

Unterstreiche die Erklärung im Text. Schreibe auf.

Säugetiere (Zeile _____)

(Zeile _____)

Lesestrategien   17

Texte besser verstehen: W-Fragen zu Texten stellen

- Du verstehst einen Text besser,
  wenn du W-Fragen zu ihm stellst:
  Wer? Was? Wann? Warum? Wo? Wie?

Karlsson vom Dach

Auf dem Dach eines ganz gewöhnlichen Hauses,
direkt neben dem Schornstein, wohnt
ein kleiner selbstbewusster Herr: Karlsson vom Dach.

Das weiß nur keiner, außer Lillebror natürlich,
5 denn Karlsson kommt immer zu ihm ins Fenster geflogen.
Er braucht nur an einem Knopf zu drehen, der ungefähr
mitten vor seinem Nabel sitzt, und wips
springt ein winzig kleiner Motor an, den er
auf seinem Rücken hat.

10 Karlsson kann noch tausend andere Dinge mehr
und ist überhaupt ein herrlicher Spielkamerad –
wenn er auch eigentlich ein bisschen zu wild
auf Bonbons ist.

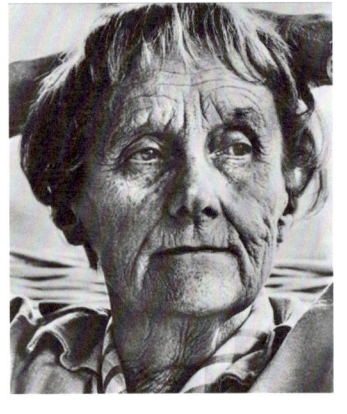

Astrid Lindgren hat
Karlsson vom Dach
und viele andere
Bücher für Kinder
geschrieben.
Du findest sie
in eurer Bücherei.

1 Lies den Text. Suche im Text die Antworten zu den Fragen.
Die Farben helfen dir. Schreibe die Antworten auf.

Wer ist ungewöhnlich?

_____

_____

Wo spielt die Geschichte?

_____

_____

2 Suche im Text die Antworten zu den Fragen.
Unterstreiche die Antworten im Text mit verschiedenen Farben.

Wie heißt der Junge, zu dem Karlsson kommt?
Wer hat die Geschichten von Karlsson geschrieben?

3 Schreibe noch andere W-Fragen zu dem Text auf.

Wie _____

_____ ?

Was _____

_____ ?

Texte besser verstehen: W-Fragen zu Texten stellen

- Mit W-Fragen kannst du prüfen,
  ob du einen Text richtig verstanden hast.

Die frechen Fünf

Tief versteckt im Finsterwald liegt eine kleine Räuberhütte.
Dort wohnt eine merkwürdige Räuberbande.
Sie nennt sich „Freche Fünf", weil sie
fünf freche Mitglieder hat. Sie heißen:

5　Fritz, Fred, Finja, Felix und Feline.

Diese Räuberfrauen und Räubermänner sind anders als
die meisten anderen Räuber. Denn sie würden niemals
Geld oder Schmuck oder Gold oder Silber klauen.

Das Besondere an diesen Räubern ist:

10　Sie stehlen nur Dinge, die mit dem Buchstaben F beginnen.
Zum Beispiel Flummis, Fußbälle, Fernseher, Fischfutter …

1 Lies den Text.

Kreuze das richtige Bild an. Kreuze die richtige Antwort an.

Wo liegt die kleine Räuberhütte?

Wie heißt die Räuberbande? ☐ Fünf Fiese ☐ Freche Fünf

2 Ergänze die **W**-Fragen über den Antworten.

Wie _____?

Antwort: Fritz, Fred, Finja, Felix und Feline.

Was _____?

Antwort: Sie stehlen nur Dinge, die mit dem Buchstaben F beginnen.

3 Schreibe eine **Warum**-Frage auf und
unterstreiche die passende Antwort im Text.

_____

_____

Texte besser verstehen: W-Fragen zu Texten stellen

Nick Nase

Mein Name ist Nick Nase. Ich bin ein großer Detektiv.

Mein Hund heißt Schnuffel und ist auch Detektiv.

Er hilft mir immer, meine Fälle zu lösen.

Nur einmal war es umgekehrt. Ich musste ihm

5 einen Fall lösen helfen.

Schnuffel lag in seiner Hütte und machte ein Schläfchen.

Ich schlich mich auf Zehenspitzen zu ihm hin.

Da sah ich ein rotes Herz an seiner Hütte hängen.

Auf dem Herz stand: „Hab dich lieb, Schnuffel."

10 Unter der Liebeserklärung stand kein Name.

Nur vier Buchstaben: NKBH.

„Wer ist NKBH?", fragte ich Schnuffel.

Er schaute mich fragend an.

Marjorie Weinman Sharmat

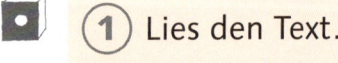

① Lies den Text.

② Schreibe W-Fragewörter auf.

3 Schreibe W-Fragen zu den markierten Wörtern im Text auf.
Die Farben helfen dir.

4 Welche W-Fragen fallen dir noch ein?
Schreibe sie in die Sprechblasen mit dem Fragezeichen.
Schreibe die Antworten in die anderen Sprechblasen.

?

?

?

Textarten unterscheiden:
Erzähltexte und Sachtexte

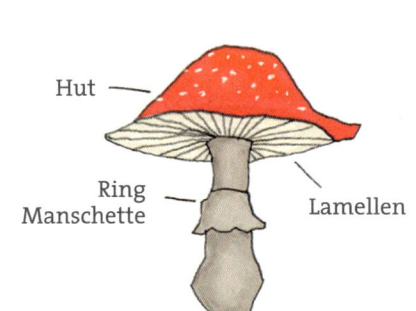

Erzähltexte erzählen Geschichten.

Oft sind diese Geschichten ausgedacht.

Manchmal erzählen die Texte von etwas,

das du selbst schon erlebt hast.

Und manchmal von ganz unwahrscheinlichen Ereignissen.

Sachtexte informieren über etwas.

In Sachtexten ist nichts erfunden oder ausgedacht.

Sie erklären dir zum Beispiel etwas über Technik,

Natur und viele andere Themen.

Artikel in Zeitungen und Zeitschriften

sind auch Sachtexte.

Schaubilder oder Tabellen enthalten auch Informationen.

Manche Texte verstehst du besser,

wenn du das Schaubild dazu betrachtest.

Oft gehören zu einem Schaubild

besondere Zeichen, die du verstehen musst.

Sorte	Essbarkeit
Fliegenpilz	giftig!
Pfifferling	essbar
Steinpilz	essbar

1) Lies die Texte.

2) Was ist das Besondere an Erzähltexten?
Was ist das Besondere an Sachtexten?
Erzähltexte sind oft:

Das tun Sachtexte, Schaubilder und Tabellen:

3 Lies die Sätze.

Welche Sätze gehören zu einem Erzähltext?
Welche Sätze gehören zu einem Sachtext?
Unterstreiche die Sätze passend blau oder rot.

Es war einmal eine Katze, die zaubern konnte.
Sie hieß Mirakula. Nur Theo kannte ihr Geheimnis.

Hunde brauchen viel Auslauf. Ihre Besitzer
müssen jeden Tag mit ihnen spazieren gehen.

„He, das ist meine Wurst",
meckerte der kleine Dackel Freddy.
Dann knurrte er den großen Schäferhund an.

4 Suche einen Erzähltext und einen Sachtext
in deinem Lesebuch. Schreibe jeweils die Überschrift
und die Seitenzahl auf.

Erzähltext _____

(Seite _____)

Sachtext _____

(Seite _____)

Textarten unterscheiden:
Erzähltexte und Sachtexte

◻ **1** Erzähltext oder Sachtext?

Kreise die Abbildungen passend blau oder rot ein.

◻ **2** Lies die Sätze.

Erzähltext oder Sachtext?

Kreise die Sätze passend blau oder rot ein.

Wickie hatte ein schlaues, helles Köpfchen.
Wenn er besonders kluge Ideen hatte,
sprühte er Funken.

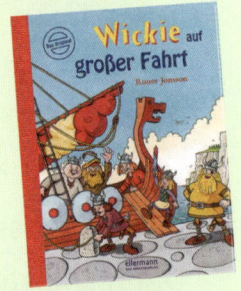

Deutschlands erstes Baumhaus-Hotel
steht in Sachsen in der Nähe von Görlitz.

Raupen müssen gut aufpassen,
damit sie nicht gefressen werden.
Um das zu verhindern,
ist ihnen jeder Trick recht.

3 Welche Sätze und Abbildungen gehören zusammen?
Verbinde. Achtung: Ein Buch passt nicht!

4 Lies den Text.

Erzähltext oder Sachtext?

Schreibe auf und kreuze die richtigen Begründungen an.

Echte Spürnasen

Hunde sind echte „Spürnasen".
Sie haben viele Millionen Riechzellen.
Damit können sie viel besser und viel genauer
riechen als Menschen. Auf ihrem Weg
5 merken sie sich die unterschiedlichen Gerüche.

Wenn ein Hund sein Herrchen oder
sein Frauchen verloren hat, findet er
trotzdem wieder nach Hause. Er folgt
einfach der Geruchsspur zurück!

Dieser Text ist ein _____, weil

☐ es um lustige Sachen geht.   ☐ alles ausgedacht ist.

☐ nichts erfunden ist.   ☐ er langweilig ist.

☐ er schwierig ist.   ☐ er über etwas informiert.

Textarten unterscheiden: Erzähltexte und Sachtexte

Wettervorhersage

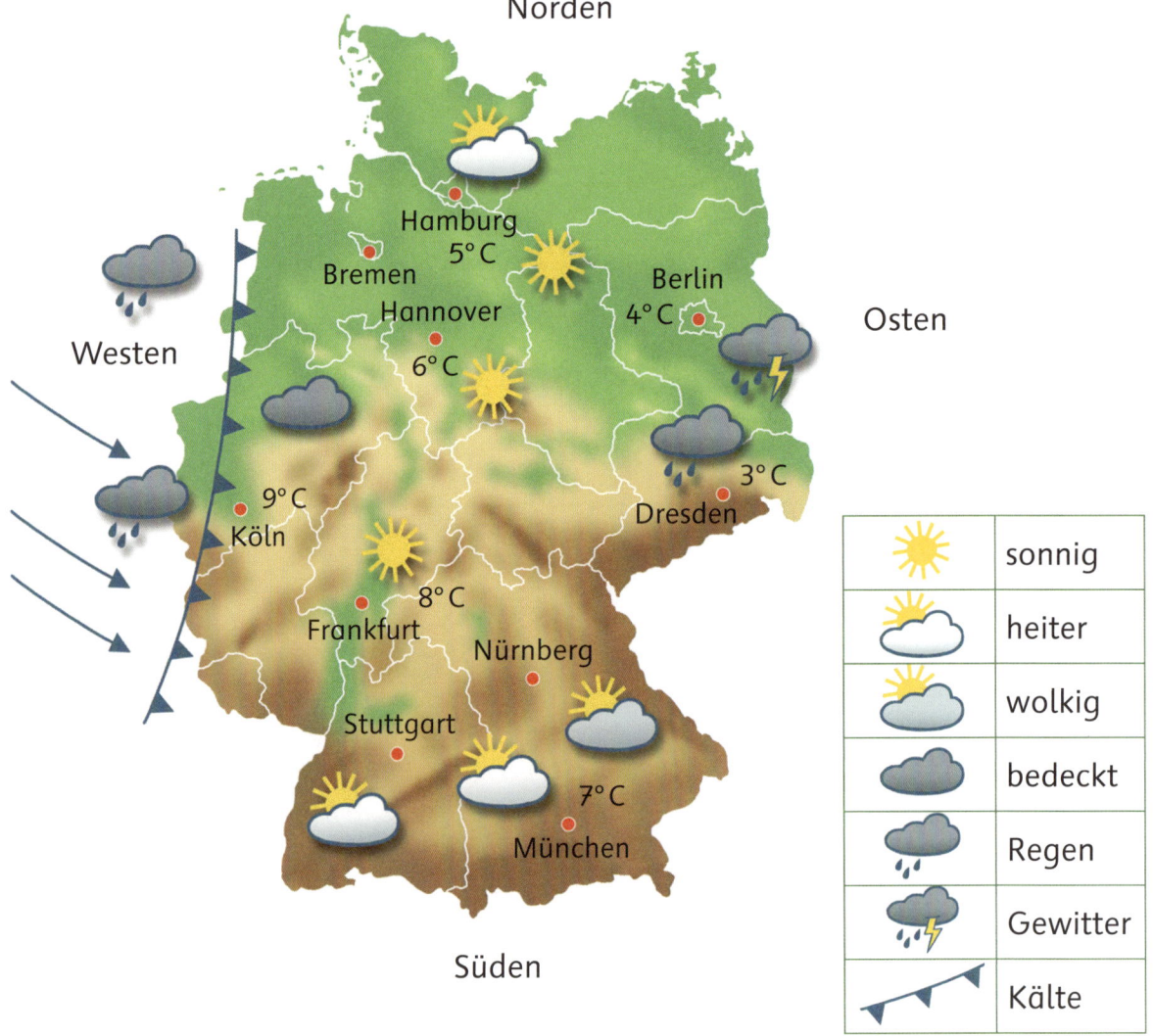

Norden

Osten

Westen

Hamburg
5° C
Bremen
Hannover
6° C
Berlin
4° C

3° C
Dresden

9° C
Köln

8° C
Frankfurt
Nürnberg
Stuttgart

7° C
München

Süden

☀	sonnig
⛅	heiter
🌤	wolkig
☁	bedeckt
🌧	Regen
⛈	Gewitter
▸▸▸	Kälte

Das Hoch „Franzi" sorgt in einem breiten Streifen
in der Mitte Deutschlands für sonniges Wetter.
Bei Hamburg ist es heiter. Im Süden ist es heiter bis wolkig.
Im Westen ist der Himmel meistens bedeckt.
5 Einzelne Regenschauer und Gewitter kann es im Osten geben.
Die Temperaturen liegen am Tag zwischen 3 bis 9 Grad Celsius.
Die weiteren Aussichten: Ab morgen kommen kühlere Luft und
ein Regengebiet zu uns.

1 Lies die Tabelle und schreibe die Bedeutung der Zeichen auf.

BRAUCHE ICH HEUTE DIE REGEN-JACKE?

2 Suche die Städte auf der Karte. Schreibe auf, wie viel Grad dort sind und wie das Wetter ist.

Hamburg, _____ °C,

Dresden, _____ °C,

München, _____ °C,

3 Lies den Text, die Symbole und die Karte.
Wo wird es morgen kälter werden und regnen?

Inhaltsverzeichnis

Leseübungen

Lesestrategien

Textgattungen